HERZSCHMEICHLER

TEIL 2

Hermann Krallinger

HERZSCHMEICHLER

Teil 2

Herstellung und Verlag: BoD – Books on Demand, Norderstedt
ISBN: 9783752670974

Inhalt

I

II

III

IV

Ein kleines Vorwort

Immer wieder gibt es im Leben Ereignisse die es wert sind, festgehalten zu werden.

Auch ich habe viele solch schöner Momente erlebt, genossen und mir so manchen "Reim" darauf gemacht.

In diesem, meinen zweiten Gedichtband, ist sehr viel Romantik, Zärtlichkeit und Erotik aus dem Alltagsleben verpackt.

Gemischt mit besinnlichen Anregungen, fröhlich- heiteren Eingeständnissen, wie auch ermunternd-tröstlichen Worten soll dieses Buch Ihnen ein Lächeln in den Alltag bringen.

Viel Spaß und Freude beim Lesen
wünscht Ihnen herzlichst

Ihr

Hermann Krallinger

Ein Versprechen

Einen Strauß voll Sonnenstrahlen
möchte ich ins Herz dir malen
zu Traurigkeit nie Anlass geben
und jeden Tag die Schönheit leben

Möchte Stärke sein an müden Tagen
dich immer wie auf Händen tragen
das Leben dir zur Lust entfachen
mein Sein an deinem glücklich machen

Nur eines wirst du nie erleben
egal was andre tun und reden
und mag die ganze Erde beben
dich, mein Engel aufzugeben

Im Bilderbuch

Weißt du, was mein Herz vermisst
wenn du so ferne von mir bist
wenn du in meiner Seele lachst
und mir den Tag zur Sehnsucht machst

Wenn ich im Geist dein Leben spüre
sanft im Wort dein ICH berühre
wenn mir dein SEIN so ferne ist
ich Angst hab, dass du mich vergisst

Dann weiß die Sehnsucht, was ich such
und blättert leis im Bilderbuch
deine Augen und dein Mund
da schlägt mein Herz gleich wieder rund

Und alle Fenster meiner Seele
öffnen sich, dass ich dich sehe
ein Kuss sinkt sanft auf deine Lippen
und ich könnt ewig daran nippen

Alles – ewig – ganz gewonnen

Schließ die Augen und nichts reden
lass dich Fantasie erleben
genieß es einfach, freudig still
was so ganz heimlich zu dir will

Tausend Hände streicheln dich
bis zum Sofa, betten dich
in das selbstgebauschte Kissen
wo Lippen deinen Körper küssen

Zungenkreise wärmstens wandern
von einer Sommerspross' zur andern
weiche Lippen dich vernaschen
heiß in Wogen dich umfassen

Lass deinen Leib von Lust umwickeln
spür die Erregung, tiefes Prickeln
kratz und beiß und stöhn dich frei
explodier in einem Schrei

Versinke in der Lust der Triebe
gesponnen aus samtweicher Liebe
in einer Welt mit tausend Sonnen
Alles – ewig - ganz gewonnen!

Die Macht der Träume

Egal, nach was wir Sehnsucht spüren
es wird uns stets zum Träumen führen
und ist der Wunsch danach ganz groß
lässt das Verlangen nicht mehr los

Wohin die Wege uns auch lenken
wir werden immer daran denken
bei Tag reale Wege schmieden
bei Nacht werden die Träume siegen

Und jede Stunde wird zum Traum
geben der Freiheit wir den Raum
dass wir die Kraft in uns entfalten
und unser Ziel in Händen halten

Bei Gott, wie machtvoll ist die Kraft
die Denken und Gefühl uns schafft
wenn sie vereint nach Schönem streben
und wir im Glück schon darin leben

Dann währt's nicht lang, du wirst es sehen
dein Traum wird in Erfüllung gehen
doch kämpf drum, sag ich dir im Ernst
eh Teile du daraus entfernst

Denn fehlt ein Teil, ist nichts mehr ganz
dein schöner Traum verliert an Glanz
bis er nur mehr Schatten ist
den du in kurzer Zeit vergisst

Zuversicht

Mir kann kein Tag die Stimmung trüben
wenn mir dein Herz lacht - es zu lieben
mich kann auch niemand dazu bringen
andern schön ein Lied zu singen

Wenn deine Zärtlichkeit begehrt
dass mein Kuss sie sanft ernährt
mich kann die Welt nicht trübe machen
wenn deine Augen mit mir lachen

Wenn dein Mund mir manchmal sagt
dass deine Sehnsucht nach mir fragt
lass mir die Zeit von nichts verwehren
die ich brauch um dich zu ehren
um dir verliebt aufs neu zu sagen
wie schön du bist - an allen Tagen

Verbunden bleiben

Würd gerne deine Hand ergreifen
mit dir in weite Ferne schweifen
dich ins Land des Lächelns führen
und still dabei dein Herz berühren

Würd gerne deine Träume kennen
dich vertraut beim Namen nennen
möcht fühlen was dein Herz empfindet
wenn Glück zu neuer Sehnsucht findet

Würd gern aus deinen Augen lachen
dir seelentiefe Freude machen
und Sterne in das Haar dir binden
dass Träume ihren Himmel finden

Würd gerne dir den Himmel zeigen
in ihm mit dir verbunden bleiben
und nie mehr einen Traum vermissen
den wir uns in die Herzen küssen

Schöne Frau

Hallo, schöne Frau
ich weiß noch immer nicht genau
bist ein Engel du voll Leben
oder kann von Frau ich reden

Wenn du Frau bist, dann gib acht
weil mein Herz dem deinen lacht
weil sich alles in mir drinnen
sehnt, dein Herzchen zu gewinnen

Bist ein Engel du in Frau-Gestalt
war dir im Himmel wohl zu kalt
würd dich gerne still entführen
und lass dich meinen Himmel spüren

Schöne Frau, es ist egal
ob Engel oder Frau du bist
ich liebe dich in jedem Fall
weil mein Herz dich nicht vergisst

Der Mutter Liebe

Der Mutter Liebe hat kein End
bräucht sie auch manchmal tausend Händ'
sie schafft mit liebend frohem Herzen
und findet auch noch Zeit zum Scherzen

Der Mutter Liebe ist enorm
und einzigartig in der Form
sie ist die einzige auf der Welt
die ein ganzes Leben hält

Darum dank der Mutterliebe
dass sie uns lang erhalten bliebe
heute und an allen Tagen
wo glücklich wir einander haben

Wenn ich träum

Und wieder nimmt die dunkle Nacht
mir die Sicht in deine Ferne
hast du mir etwa grad gelacht
ich spür so zärtlich deine Wärme

Ich schließ die Augen, denk an dich
und spüre, du durchwanderst mich
Ich halte still und lächle leise
mein Herz ging grad zu dir auf Reise

Spürst du nicht den Flügelschlag
den dein Herz zu deuten mag
wie die Gefühle, die der Wind
zu dir trägt, mein Herzenskind

Und fester noch schließ ich die Augen
sink noch viel tiefer in den Glauben
wenn wir real uns mal begegnen
wird's weltweit Freudentränen regnen

Auf dem Wege durch die Nacht

Ich habe heut die halbe Nacht
gedankenvoll mit dir verbracht
deiner Schönheit sanft geschmeichelt
und dich in den Schlaf gestreichelt

Hab deinen Körper stumm berührt
und heiß die Leidenschaft gespürt
Wie schön muss doch die Liebe sein
mit dem Gedanken schlief ich ein

Und auf dem Wege durch die Nacht
bin ich vom Traume aufgewacht
als liegst du kuschelnd neben mir
roch ich den süßen Duft von dir

Hab sacht den Arm um dich gelegt
den Rest vom Traum mit dir durchlebt
und kann dir heute treu gestehen
mit dir möcht ich noch weiter gehen

Viel weiter als ein Traum es kann
denn da fängt doch erst Leben an
mit dir möcht ich die Zeit besiegen
wenn wir uns durch sie - in uns lieben

Lass nie dein Herz mit mir allein

Aus Wonne der Natürlichkeit
wächst die Bewunderung und Achtung
die Formen deiner Einigkeit
treibt still die Lust meiner Betrachtung

Man hört durch Fenster dich und Türen
wenn du der Welt dein Lachen schenkst
bist stolz, Musik um dich zu spüren
wie du sie selber gern verschenkst

Möcht deiner Sonne Himmel sein
das schönste Blau am Firmament
lass nie dein Herz mit mir allein
weil sonst der ganze Himmel brennt

Lass mich dir die Freude sein
in der Stille die du suchst
fall nicht zu tief in mich hinein
weil du mich sonst verfluchst

Sucht und Gier

Lieg ich nachts in meinem Bette
mal ich Träume mir als hätte
deinen Körper ich im Arm
streichle sanft und halt ihn warm

Wohlig kuschelst du dich enger
unsre Küsse werden länger
bis sie sich ineinand verbeißen
und alle Sehnsucht aus uns reißen

Atemlos und voller Gier
lustvoll brennend treiben wir
Leidenschaft in jeder Phase
unsre Körper in Ekstase

Lächelnd zittern deine Lippen
lass mich zärtlich daran nippen
In den Augen glänzt das Fieber
leg mich sanft noch auf dich nieder

Mit allen Sinnen noch genießen
wie Sucht und Gier zusammenfließen
wie Küsse leise nachvibrieren
und neu beginnen zu verführen

Gedanken aus dem Gestern

Wenn so leis der Tag anbricht
die Nebel sich ergeben
strömt im warmen Sonnenlicht
die Freude, sich zu leben

Wenn Träume, von der Nacht befreit
aus Liebe plötzlich vor dir stehen
bestärken sie zu jeder Zeit
im Leben Wunder zu verstehen

Und wenn die Freude an das Morgen
dir Wünsche von den Augen liest
musst du die Zeit in dir nicht ordnen
weil du in ihr schon glücklich bist

Und wenn Gedanken aus dem Gestern
heute aus den Träumen steigen
sich in Zärtlichkeit verschwestern
lass dich still im Glücke treiben

Was das Leben uns so lehrt

Was das Leben produziert
ist perfekt, nicht ausprobiert
ohne Plan und Arbeitskreis
genial und ohne Preis

Was das Leben weitergibt
das ist Schönheit, dem der liebt
dem, der Freude gern verschenkt
und nicht im Herz sich selber denkt

Was das Leben uns noch zeigt
sind die Wege, oft verzweigt
doch geht es manchmal steil bergan
verlässt die meisten der Elan

Was es aber vorenthält
weil es uns für mündig hält
ist, sich selbst zu überwinden
und den eignen Weg zu finden

Was das Leben uns so lehrt
ist im Maße nur begehrt w
weil immer mehr der Wert zerfällt
der einen Menschen aufrecht hält

Ein Flirt

Ein Flirt mit dir im Kerzenschein
dazu ein gutes Gläschen Wein
um uns herum die Engel staunen
und der Himmel drückt die Daumen

Ein Date mit einer Frau von Welt
die schon vom Bild dem Herz gefällt
Da bleibt das Kribbeln nicht mehr aus
schick jeden Schmetterling hinaus

Wenn Blicke sich dann leis betrachten
weil manche Gesten Freude machten
erwacht spontan Verbundenheit
die nach sanfter Tiefe schreit

Wenn sich die Hände dann berühren
bis in die Seele - Schönheit spüren
dann ist die Zeit wo ich gestehe
dass ich den Engel in dir sehe

Den Engel, der im Traum mir lachte
mit dem ich schon Gespräche machte
der jedes Wort von dir schon kannte
jetzt weißt, warum ich dich so nannte

Akzeptanz macht kein Palaver

Du sagst das Wort hat kein Gewicht
doch ganz so ohne ist es nicht
Es flog zu dir auf sanften Schwingen
wollt nur ein Lächeln zu dir bringen

Es zählt nicht, wie wir uns benennen
oder von wo wir zwei uns kennen
Es zählt auch kein bestimmter Ort
es zählt nur das gesagte Wort

Es zählt auch nicht wer du grad bist
ob's in dir bleibt, ob du's vergisst
Es zählt allein der Augenblick
für einen Herzschlag etwas Glück

Betrachte es als ein Gedicht
wie Sonne durch die Wolken bricht
Wie ein Lächeln das man schenkt
ohne dass man tiefer denkt

Du sagst ja selbst, dass es gefällt
es ist das Denken das dich quält
und aus Gefühlen lüg ich nicht
für mich sind Worte schönstes Licht

Ich denk du kennst mich jetzt schon mehr
doch ist für mich dein Bild noch leer
Ich hör das Wort - seh kein Gesicht
wer liest da gerne mein Gedicht?

Deshalb wär es nett und fein
seh ich dein Bild und wär's nur klein
Ich denk du weißt wie man sich fühlt
wenn jemand sich ins Dunkel hüllt

Lass dein Bauchgefühl entscheiden
wenn es ist, dann werd ich scheiden
ohne großes „Wenn und Aber"
Akzeptanz macht kein Palaver

Selbst - mit - Leid

Willst du im Leben was erreichen
gebrauch die Einheit, setz ihr Zeichen
Benütz den Geist als Instrument
nicht erst wenn der Hut schon brennt

Denn meistens ist es dann zu spät
wenn Glaube nicht mehr zu dir steht
dann will man alles nur erzwingen
und das lässt gar nichts gut gelingen

Schenk der Zeit und dir doch Frieden
ohne sich was vorzulügen
weil jeder in sich sehr wohl fand
dass auch zu Leben ihm WOHL-STAND

Doch das Um und Auf im Leben
findet viel zu viel AUS-REDEN
Glaube entsteht und auch Vertrauen
wenn man Erfolge lernt zu bauen

Doch wenn du nur noch funktionierst
in dir die Tage nicht kreierst
lebst du der Tage SELBST-MIT-LEID
wo es in dir nach Leben schreit

Was ich liebe

Was ich liebe das ist schön
bringt mein Herz zum übergehn
Was ich liebe das ist gut
weil's in meinem Herzen ruht

Was ich liebe ist die Welt
die alle Träume für mich hält
was ich liebe das ist groß
streichle es in meinen Schoß

Was ich liebe, ganz fest halte
und jedes Lächeln in mich falte
wo offene Blicke Lust verspüren
es immer wieder zu berühren

Ist ein Hauch von Ewigkeit
in jedem Blick der Zärtlichkeit
was ich liebe immerzu
ist eine Frau - und das bist DU

Leben ist ein ewiges Kind

Leben, das heißt alles haben
alles sein, was man erträumt
Leben stürzt sich nicht in Fragen
ob und was man noch versäumt

Leben ist ein Atemzug
jeder stolz geschwellten Brust
ohne Selbstmitleid und Trug
Leben ist ein Weg der Lust

Leben will nicht profilieren
hinter Ausreden verstecken
hat nie Angst sich zu verlieren
Leben will sich selbst entdecken

Leben ist wie Sonne selbst
braucht keine bunten Lichterketten
was immer du vom Leben hältst
kannst es täglich neu erwecken

Leben heißt nicht, hinzunehmen
was andrer Großmut übrig lässt
Heißt auch nicht sich stets zu sehnen
sich begnügen mit dem Rest

Leben ist ein ewiges Kind
unermüdlich auf der Suche
und jedes Lächeln, es gewinnt
Selbstvertrau'n im Lebensbuche

Überzeugung

Aus dem Herzen der Kraft
getragen vom Winde
Überzeugung sie schafft
dem Traum tausend Gründe

Ist die Möwe Gedanke
soll sie fliegen allzeit
was das Gestern nicht kannte
ist heut für Wunder bereit

Verschenk dich nicht

Weil ich bin, drum fehl ich nicht
und wenn du einmal traurig bist
wirst du auch von mir geküsst
als kleiner Strahl vom Sonnenlicht

Verschenk dich nicht an diese Welt
gib dem, der wirklich auf dich hält
kannst so vielen Freude machen
mit deinem glücklich-frohen Lachen

Fantasien

Ich möcht so gern auf Reisen gehen
ins Land der schönsten Fantasien
nur noch spüren, nichts mehr sehen
wenn Glücksfontänen mich durchziehen

Wo unsagbare Ewigkeit
Empfindungen genießen lässt
im Zentrum aller Zärtlichkeit
die Sehnsucht Sturm zum Angriff bläst

Möcht spüren, wo das Sein beginnt
wenn Eins ins Andere zerrinnt
wenn Zärtlichkeiten sich im Schweben
noch intensiver neu beleben

Ich möcht so gern in sanften Blicken
das schönste der Gefühle spüren
wenn Haut an Haut noch enger rücken
und sich im Himmelsflug berühren

Rundherum Zufriedenheit

Rundherum Zufriedenheit
der Tag hat viele Kunden
wünsche dir Gemütlichkeit
für ein paar schöne Stunden

Engel, sagt man, tun sich leicht
weil sie groß sind, stark und weise
doch ist Abendzeit erreicht
treten auch dieselben leise

Deshalb Engel, gib der Zeit
und den Gedanken Kuschelwärme
gönn dir etwas Zärtlichkeit
tanz hinauf zwischen die Sterne

Bind die Träume, die dir lachen
zu hunderttausend Luftballons
wenn alle sie dir Freude machen
ist jeder einzeln eine Chance

Nun, auch ich will nicht mehr stören
ich tu, was auch der Engel macht
lass bald wieder von mir hören
wünsch alles Liebe und gut' Nacht

Dass ich dich im Herzen trage

Dass ich dich im Herzen trage
pfeift der Spatz von jedem Baum
was ich aber keinem sage
lächelt sanft in meinem Traum

Dass ich dich begehrlich finde
weiß bereits der letzte Bauer
was ich aber heimlich singe
das hört niemand so genauer

Dass du auch meine Seel' berührst
flüstern die Engel längst sich zu
wohin du mich am Ende führst
das weißt ganz allein nur du

Wie dein Sein mich fasziniert
bleibt den Träumen nicht verborgen
weil sich jede Zeit verliert
durch die Nacht bis in den Morgen

Was Nettes schreiben

Wenn ich so recht dein Bild betracht
auf dem ich dich verehr und acht
so ist mir doch, in deinen Zügen
scheint etwas Traurigkeit zu liegen

Du lächelst zwar, doch deine Augen
die lassen mich was andres glauben
mir scheint beinahe so als wär
dein Herze dir oft viel zu schwer

Dabei bist du die Frau von Welt
die optisch gleich ins Auge fällt
die lachend noch den Tag verführt
auch wenn sie schon die Tränen spürt

Doch gestern ist Vergangenheit
spür doch, wie das Heute schreit
jedes Wort und jeder Traum
schaffen in dir neuen Raum

Gewiss, dein Sein liegt nicht an mir
nur weil ich dich heut animier
ich wollt dir bloß was Nettes schreiben
dir deine eigne Schönheit zeigen

Vielleicht kann ich ein Strahl dir sein
in dem dein Auge wieder glänzt
bis du als schönster Sonnenschein
wieder in deinem Himmel hängst

Auch wenn ich heute dir nicht sag
was ich im Herzen für dich trag
solang die Freundschaft uns begleitet
wird aus Empfinden Freud' bereitet

Das Endergebnis

Kannst mir vertrauen - du kannst fliegen
hast es früher auch vollbracht
musst nur den Schweinehund besiegen
der dich flügellahm gemacht

Folg der Sehnsucht hinterher
lass die Lust sie wieder trinken
ich fang dich auf im Wonnemeer
kannst sanft in meinem Arm versinken

Eins vergaß ich zu erwähnen
du schönster Stern am Firmament
seit ich dich kenne wühlt ein Sehnen,
dass es mir im Herze brennt

Spür nicht Lust auf eine Nacht
auf so ein One-Night-Stand Erlebnis
sicher hätt ich's auch gemacht
doch steht in mir ein Endergebnis

Dich zu lieben wär fürs Leben
und jeden Tag ein bisschen mehr
hätte dir so viel zu geben
und doch, mein Herz würd niemals leer

Ganz egal, was auch passiert
fang dich auf, trag dich auf Händen
wenn dein Gefühl den Sprung riskiert
wird unser Anfang niemals enden

Schließ die Augen

Schließ die Augen, spür mein Sehnen
will dich in die Arme nehmen
zärtlich deinen Leib umschlingen
sanft in die Gefühle dringen

Schließ die Augen, lass das Denken
will dir meine Liebe schenken
dich ins Land der Träume führen
deinen Atem auf mir spüren

Wie schön

Wie schön doch deine Worte sind
verführst mich wieder ganz zum Kind
das neugierig das Schöne liebt
und seine ganze Sehnsucht gibt

Um einmal deine Welt zu sehen
mit ihr im gleichen Schritt zu gehen
wie schön doch dein Empfinden ist
wenn jedes Wort du selber bist

Ich werd jetzt zwischen deinen Zeilen
für eine Zärtlichkeit verweilen
hab dich im Herzen ganz bei mir
weil ich dich dann besonders spür

Garantiert umsonst

Wenn deine Stimme traurig klingt
und darin die Wehmut singt
möcht ich dich in die Arme nehmen
sollst an meiner Schulter lehnen

Lass dich aus dem Alltag schälen
dich mit keinem Wort mehr quälen
schließ die Augen - Wohlfühlzeit
ich hüll dich in Geborgenheit

Lass dich von der Muse tragen
wie ein Blatt im Sommerwind
und ein Kuss - er wird dir sagen
dass er immer zu dir find

Leih von Engeln dir die Flügel
wenn sie Falten machen - bügel
ich sie garantiert umsonst
ich wünsch, dass du im Glücke wohnst

Lass die Kinder wieder spielen

Lass uns aus Tränen dieser Welt
eine Perlenkette machen
und jedes Teil das nicht gefällt
bringen wir zum Lachen

Nimm du der Traurigkeit den Grund
und ich verteil dann gute Laune
wir machen Alltag wieder bunt
und drängen Frust aus jedem Raume

Lass die Kinder wieder spielen
die noch heimlich in uns wohnen
mit Ehrlichkeit in den Gefühlen
die Glück mit Herzlichkeit belohnen

Bringen wir die Welt zum Tanzen
machen draus ein Ringelspiel
schnüren uns den Picknick-Ranzen
voll mit Lachen und Gefühl

Das Leben

Was das Leben für mich ist
kann ich dir ganz schnell beschreiben
nicht ein Tag, der mich verdrießt
und täglich Liebe ohne Leiden

Leben, das ist jeder Tag
den ich mit mir verbringe
wo ich schon am Morgen mag
was ich abends noch besinge

Leben ist der Augenblick
das Lächeln einer schönen Frau
unverhofftes Wohlgeschick
ein Himmel ganz in blau

Leben ist ganz tief in mir
und sprüht mir aus den Augen
manchmal ist es fast schon Gier
Neues in mich einzusaugen

Leben ist auch oft nur Muse
ganz entspannt in mich gekehrt
seh mancher Dame in die Bluse
wo Leben keinen Blick verwehrt

Leben ist so unbeschreiblich
in seiner Art nicht programmiert
egal ob männlich oder weiblich
der Mensch, er macht es kompliziert

Stilles Glücksempfinden

Wenn du so reizend vor mir stehst
und dich in deiner Schönheit drehst
kann nichts der Welt mich mehr berühren
als meine Sehnsucht, dich zu spüren

Wenn mir dein Blick ins Herze schaut
und sich im Wort nichts sagen traut
ist mir im stillen Glücksempfinden
als würd ein sanfter Kuss mich finden

Wenn mich dein Lächeln glücklich macht
im Traum mir deine Schönheit lacht
würd ich den Rest des Lebens geben
mit dir auf Wolken zu entschweben

Wenn du im Glück dein Herz verlierst
aus Liebe immer jünger wirst
dann ist das Nehmen und das Geben
das allerschönste Maß im Leben

Seelenpartner

Ich denk an dich, allein dein Name
nimmt dem Gefühl das Flügellahme
führt mich in einen Horizont
den ich noch nie zuvor bewohnt

Auch wenn wir uns erst heute trafen
sind dem Empfinden wir schon Sklaven
weil das Gefühl, das uns vereint
wie junger Samen in uns keimt

Weil wir fühlen und nicht denken
können wir uns alles schenken
was jeden Himmel übersteigt
und für ewig in uns bleibt

Weil du mein Seelenpartner bist
und mir nicht nur das Herze küsst
ist unsre Sprache das Empfinden
uns wortlos immer neu zu finden

Liebe ist

Liebe ist, was ich empfinde
aus der Seele tiefster Gründe
ohne Angst ins Herz dir lege
weil ich liebend dich erstrebe

Liebe ist, seit ich dich kenne
nicht nur ein Wort, das ich benenne
sie ist wie ein Vulkan in mir
seit ich dein Wort im Herzen spür

Liebe ist der Stolz der Träne
die ich mir aus dem Auge nehme
weil ein Herzschlag aus dir kam
der mich in seine Arme nahm

Ein Kuss Unsterblichkeit

Wenn Blicke sanft die Seele streicheln
Worte den Gefühlen schmeicheln
läuft in mir der Motor warm
nehm dich gern jetzt in den Arm

Bist so nah, könnt dich berühren
für einen Kuss Unsterblichkeit
dich dann durch den Himmel führen
hinein ins Herz der Ewigkeit

Du bist ein Traum an Sinnlichkeit
bewohnst mein Herz, das Sehnsucht schreit
dein Bild mit Küssen zu bedecken
mit Lippen deine Lust erschmecken

Hab dein Gesicht im Traum vor mir
wo deine warme Haut ich spür
wo ich dann zärtlich, sanft beginne
als Kuss auf deinem Leib zerrinne

Dein Anblick hat mich tief berührt
hätt dich am liebsten gleich gespürt
schön, dass der Welt verborgen bleibt
was mich an dir zum Wahnsinn treibt

Süße Droge

Du erotisch süße Droge
nimm mich auf wie eine Woge
wirf mich auf den Strand der Lust
bring Wellenschlagen in die Brust

Reiß mich mit in deinen Fluten
entfach ein Feuer aus den Gluten
tränk mich tief hinein ins Leben
werd dir den Himmel dafür geben

Komm und lass uns auf den Wellen
treiben bis ans große Meer
spür beim Ineinanderquellen
die Lust, sie lebt sich immer mehr

Die Kraft im SEIN

Wenn in dir die Schale bricht
in der das Gestern du bewahrt
spürst du plötzlich all das Licht
dass dir die Zukunft offenbart

Wenn das Licht sich selbst befreit
aus der Kraft der Emotionen
wird das Glück der Ewigkeit
unermüdlich dich bewohnen

Wenn du Licht dann schenken kannst
zum Wohl und Glück der andern
wird, was du dir noch nicht nahmst
hin zu dir im Lichte wandern

Licht wird Gleiches nicht verwehren
strömt im Strahle ineinand
wird die Kraft im SEIN vermehren
wo aus zwei sich EINES fand

Komm und sag

Komm und sag: wie riecht das Leben
wie der Duft von deinem Haar
weckt deine Antwort das Bestreben
nach Lust und dem was einmal war

Wie viel wärmt ein Sonnenstrahl
wie viel das Lachen deiner Augen
wird deine Antwort mir zur Qual
wächst aus Sehnsucht wieder Glauben

Komm und sag: wie schmeckt die Liebe
wie der Kuss aus deinen Händen
und wenn ich Hunger nach dir kriege
wohin wirst du die Schritte wenden

Wie viel Atem braucht Empfinden
um zu wissen was es fühlt
wird es die Sehnsucht überwinden
wenn das Feuer aus mir brüllt

Komm und sag: wie lebt man Träume
die Herz und Geist so stark bewohnen
die Lieder singend durch die Räume
mit einem Lächeln dich belohnen

Ins Herz gewachsen

Wo bist du mein süßes Lächeln
möcht dir gern 'nen Kuss zufächeln
dann dir noch was Liebes sagen
sollst es in deinem Herzen tragen

Bist mir längst ins Herz gewachsen
so mit allen deinen Faxen
bist mir im Kopf, bist mir im Bauch
durch all mein Fühlen krabbelst auch

Bist in meinem tiefsten Innern
der Zustand kann sich nicht verschlimmern
ich träum von dir am hellsten Tag
und spür, wie sehr ich dich doch mag

Virtuelle Welt

Wenn Gefühle nicht mehr schweigen
sich vertraut dem Andern zeigen
spürt man ganz leis wie alles bebt
wenn jedes Wort ins Herz sich legt

Doch man kann sich noch so quälen
in der Welt des Virtuellen
ist stets der Bildschirm meist das Ende
da reicht kein Kuss und keine Hände

Doch wär die Welt nur halb so groß
säß ich schon jetzt auf deinem Schoß
würden knuddeln, knutschen, fliegen
und alles das tun, was wir lieben

Dein Duft von Weiblichkeit

Du zuckersüßes Lendenkrabbeln
würd gerne mit dir knutschen, sabbeln
bis wir uns dann beim „Doktor-Spielen"
wieder recht wie siebzehn fühlen

Und dann - ganz schulbefohlen
alles gleich noch wiederholen
denn Selbsterfahrung ist Gewinn
zu zweit liegt eben mehr darin

Du bist das Buch, auf dem ich schreibe
und ich der Punkt auf deinem Leibe
der ständig wandert und erkundet
was dir - und wo - am besten mundet

Wo Lust sich heißbegehrt umschlingt
Gefühl beinah zum Wahnsinn bringt
treibt mich dein Duft von Weiblichkeit
in immer neue Zärtlichkeit

Der Platz eines Freundes

Der Abend, er liegt schon in den Armen der Nacht
er hat manches Lächeln und Zwinkern gebracht
doch kann ich nicht sagen, dass glücklich ich wär
der Platz eines Freundes im Herzen blieb leer

Ich wünschte er könnte darin wieder wohnen
mein Herz würd es lächelnd mit Treue belohnen
obwohl, seinen Platz werd ich niemals vergeben
es ist nur, dann spürte ich wieder sein Leben

Mondlicht

Mondlicht komm und streichle mich
mit deinen sanften Strahlen
in deinem Licht ersehne ich
Träume neu zu malen

Nimm mich zärtlich in den Arm
küss die Leidenschaft ins Sehnen
halt mich fest und halt mich warm
will dich liebend in mich nehmen

Ein Tag wie jeder

Ein Tag wie jeder andere
und doch, ein Tag davon entfernt
was ich dabei bewandere
ist ungewiss und nicht gelernt

Ein Tag, an dem ich an dich denk
so wie gestern und davor
an dem ich zärtlich Küsse schenk
weil ich mich an dich verlor

Gefühle, so wie gestern auch
und doch um einen Tag vermehrt
spür den Schmetterling im Bauch
und lass ihn tanzen unversehrt

Ein Tag, der stets so schön beginnt
wie man Gedanken für ihn hegt
mit Sonne, die im Herzen schwimmt
und einer Liebe die man pflegt

Ein Tag, und zählt man auch die Stunden
ist so nicht leichter überwunden
ist's nicht egal - ob Tage, Stunden, Wochen
du bist mir still ins Herz gekrochen

Ein Tag wie JEDER sagt man oft
und dennoch kommt ganz unverhofft
so manchem Tag ein Lächeln aus
das zu dir sagt, fühl dich zu Haus

Raum zum Leben

Lachend wie die Morgensonne
die zu mir ins Zimmer scheint
sind Gefühle voller Wonne
die mein Herz mit dir vereint

Seelenblauer Himmel strahlt
in der Tiefe unsrer Augen
wo die Sehnsucht wiederhallt
wächst ein Traum zu festem Glauben

Gib der Sehnsucht tausend Türen
leg sie nicht in Kettenhaft
und lass uns die Hoffnung spüren
die uns Raum zum Leben schafft

Nimm dein Herz mit all den Träumen
tanz mit mir im Mondenschein
was wir träumend sonst versäumen
soll uns stets Bedürfnis sein

Der Tag, so neu

Der Tag, so neu und ohne Kratzer
so ungeschminkt und ohne Patzer
wie du, mit deinem frohen Lachen
kannst Herzen so viel Freude machen

Der Tag, so neu und atemfrisch
wie das Frühstück auf dem Tisch
wie neugestärkter Lebensgeist
der einen schönen Tag verheißt

Der Tag, so neu und ungestresst
der keine Wünsche offen lässt
der nicht im Stau der Stadt verliert
wenn er sich aus dem Herz kreiert

Der Tag, so neu im frischen Glanz
er bittet uns zum neuen Tanz
im Kuss ein Tropfen Morgentau
macht dich zur allerschönsten Frau

Du warst einfach da

(für Hermine)

Ich sah nur dein Lächeln und war fasziniert
ich hätt nie geglaubt, dass mir so was passiert
doch plötzlich, da warst du in all meinem Denken
du warst einfach da, und ich konnte mich schenken

Hast alles von gestern beiseitegeschoben
neue Werte in mir in den Himmel gehoben
ich tat nichts dagegen, und lies es geschehen
konnt so zwischen Wolken besser dich sehen

Ich hab keine Worte um dich zu beschreiben
hab nur meine Liebe, doch die wird dir bleiben
egal was passiert, ob ich dir fern oder nah
in der Tiefe des Herzens bist du immer da

Verträumtes Lustgefühl

Still liegst du in deinem Zimmer
sanftes Licht im Kerzenschein
Mondlicht zaubert einen Schimmer
und lädt dich zum Träumen ein

Langsam formt sich aus Gefühlen
sehnsuchtsvoll ein Traum vom Glück
spürst ihn immer tiefer wühlen
lebst dich ganz hinein ins Stück

Zärtlich gleitet Liebesdenken
fantasievoll durch die Nacht
wo Lippen tausend Küsse schenken
und in dir die Lust erwacht

Lässt dich immer tiefer sinken
in das warme Lustgefühl
aus dem Gefühle sich betrinken
was die Sehnsucht spüren will

Du spürst Hände auf dir wandern
schönes Kribbeln auf der Haut
von einem Wohlgefühl zum andern
deiner Sehnsucht so vertraut

Und es steigert dein Empfinden
gibst dich ganz dem Traume hin
lässt dich von der Lust umschlingen
spürst, dass ich jetzt bei dir bin

Was meine Sehnsucht träumt

Du bist wie der sanfte Wind
lässt Gedanken in mir gleiten
dorthin wo die Träume sind
Zärtlichkeit die Flügel breiten

Mein Aug' es hat dich fast verschlungen
gedankentief in dich gedrungen
du weckst nicht nur die Sinnlichkeit
im Feuer deiner Weiblichkeit

Bist schöner noch als jedes Bild
erotischer als alle andern
spür Lendenkribbeln schon ganz wild
wenn meine Augen auf dir wandern

Hast mich tief hinein bewegt
erotisch Fantasien erregt
versuch dich zärtlich zu berühren
im Spiel der Lust dich zu verführen

Lass mich aus deiner Sehnsucht trinken
als Kuss auf deiner Haut versinken
lass meine Zunge, Mund und Hände
auf dir malen ohne Ende

Du bist, was meine Sehnsucht träumt
so prickelnd wie der Sekt uns schäumt
küss dir Schmetterlinge in den Leib
bis Lust und Wonne aus dir schreit

Die tollste Frau

Hallo mein Herz, ich hör dich schlagen
möcht dich jetzt küssen und dir sagen
du bist die tollste Frau der Welt
die mir der Himmel hingestellt

Du bist das Lachen meiner Seele
der Kuss, den ich dir täglich stehle
stillt nur den Hunger für den Tag
bis abends ich dich wieder hab

Möcht jeden Tag dich zärtlich küssen
und nicht so lange warten müssen
und wenn du Sehnsucht hast nach mir
dann bin ich da und nehm sie dir

Komm her, wir kuscheln eine Runde
voll Zärtlichkeit, den Kuss im Munde
und beide Hände voller Liebe
dass diese Zeit uns immer bliebe

Deine Bilder

Deine Bilder sind der Hammer
treiben mich in einen Jammer
weil die Sehnsucht mich so quält
dir zu geben was gefällt

Führen mich in Fantasien
die dein Ganzes einbeziehen
Jedem Blick, von Kopf bis Fuß
folgt der Lippen zarter Kuss

Lass im Traume ich mich gehen
kann ich dich wie „Eva" sehen
Möcht mit Händen dich bekleiden
mich an deiner Sehnsucht weiden

Meine Lippen an dich führen
dich zu küssen, schmecken, spüren
deiner Haut ein Kribbeln schenken
bis wir uns berauscht verschenken

Weil dich der ganze Himmel mag

Du bist tapfer - mit Weh und Mut
glaubst an Erfüllung, das ist gut
und eines weiß ich ganz genau
der Stern ist treu dir, liebe Frau

Egal wie oft du ihn betrachtest
in deiner Sehnsucht für ihn schmachtest
warum die Angst, ihn zu berühren
vielleicht kann er ins Ziel dich führen

Versuch die Welt um dich zu sehen
dann wirst den Himmel du verstehen
weil jeder Stern am Firmament
für eine Erdenseele brennt

Solange er dich fasziniert
ist deinem Traum noch nichts passiert
doch hör mal sacht in dich hinein
verspürst du nicht grad Sonnenschein

Ist nicht die Sonne auch ein Stern
wenn sie dir lacht, hat sie dich gern
sie küsst den Traum dir in den Tag
weil dich der ganze Himmel mag

Fest umarmt, mit dir vereint

Möcht als Empfinden dich berühren
als Fantasie dich zart verführen
möcht deiner Haut das Kribbeln sein
streichle mich in dich hinein

Möcht als Erregung in dir glühen
in deinem Blut als Feuer sprühen
dich als Lust zum Stöhnen bringen
auf einer Himmelsschaukel schwingen

Leidenschaft möcht ich dir sein
bis zum Höchsten - tief hinein
möchte in dir Wellen schlagen
heiße Blitze in dich jagen

Möchte in dir - zu dir gleiten
mit dir dem Glück entgegen schreiten
möcht dich die Welt vergessen lassen
wenn Zärtlichkeiten uns erfassen

Möcht mit dir die Nacht genießen
morgens dann die Augen schließen
fest umarmt, mit dir vereint
weil uns im Glück die Sonne scheint

Am Ufer der Gefühle

Du bist sanfte Harmonie
Ausgeglichenheit im SEIN
schönstes Wort der Poesie
der Muse reifster Wein

Du bist Flamme in dir selbst
Licht auf allen Wegen
wohin du die Farben stellst
erwidert sich das Leben

Blicke streifen Zärtlichkeit
und Worte ruh'n im Herzen
ein Atemzug Lebendigkeit
im sanften Licht der Kerzen

Gibst dem Leben neue Ziele
liebst den Zauber der Natur
sitzt am Ufer der Gefühle
in den Händen Liebe pur

Auch Engel werden älter

Irgendwie ist es doch klar
auch Engel haben jedes Jahr
einen ganzen Tag zum purzeln
um sich tiefer zu verwurzeln

Auch ein Engel, er wird älter
doch man sieht es ihm nicht an
denn das Aussehn, das behält er
wenn er aus dem Himmel kam

Nun, wie gehts dir auf der Erde
seit du aus den Wolken fielst
Zärtlichkeit dein Herz begehrte
und du auch die Sehnsucht fühlst

Ist es wirklich so viel anders
seit du zwischen Menschen wanderst
wenn man Liebe so empfindet
dass in ihr die Sehnsucht gründet

Wohlfühl-Himmelreich

Hallo, schönes Blumenkind
wär jetzt gern ein lauer Wind
der deinen Körper sanft umschmeichelt
und zärtlich durch dein Haar dir streichelt

Der dich stürmisch dann umschlingt
auf Kuschelwolken niederringt
mit denen er dich wellengleich
treibt ins Wohlfühl-Himmelreich

Sternengoldschein zieht vorüber
mischt sich mit des Mondes Silber
die der Gefühle Zärtlichkeiten
ineinander Lust bereiten

Wär jetzt gern ein lauer Wind
der deine Blüten küsst so lind
der deinen Körper schwingen lässt
und sich zärtlich an dich presst

Wiege dich ganz sanft im Wind
du rosenzartes Blumenkind
schließ die Augen, lass dich tragen
dir Zärtliches im Streicheln sagen

.

Der schönste Kurzschluss

Sitz im Lokal und trink Kaffee
in mir dein Bild, das ich jetzt seh
die andern trinken stumm ihr Bier
ich hab die schönste Frau vor mir

Begehrenswert, verführerisch
doch sitze ich allein am Tisch
zum Verzweifeln wenn ich spür
was du so tief berührst in mir

Wär ja schön, das ganze Leben
wenn man sagt, was man so will
bräucht jeder nur darüber reden
und es erfüllt sich leis und still

Du Herzensfrau im Traumformat
die mir ins Herz gelächelt hat
von Lust und Wonne schreib ich nicht
weil sonst das Netz zusammenbricht

Ich müsst in Technik mich probieren
auch bei dir die Volt studieren
doch weiß ich schon im Vorhinein
das würd der schönste Kurzschluss sein

Ein Tag voll Wonne

Heute ist ein Tag voll Wonne
aus deinen Augen lacht die Sonne
dein süßer Mund lockt mein Verlangen
mit dir heut Schönes anzufangen

Komm und lass dich sanft berühren
dich ins Land der Sinne führen
schließ die Augen, halt ganz still
ich sag dir zärtlich was ich will

Deinem Körper will ich schmeicheln
ihn mit Küssen zärtlich streicheln
und all die lustvoll-süßen Zonen
mit keinem Zungenschlag verschonen

Mach dir in Wogen aufgebaut
lustvoll eine Gänsehaut
bis du schreist und mir dann schwörst
dass du für immer mir gehörst

Das Ego

In der Natur des Menschen liegt
stets zu besitzen, was er liebt
und läuft es nicht so wie gewollt
das Ego in ihm mächtig grollt

Und man merkt, die große Hürde
ist das Ego, nicht die Würde
weil Liebe sich aus Liebe schenkt
und nicht an das Besitzen denkt

Und das zu ändern fällt oft schwer
der Glaube hofft einfach zu sehr
einmal doch den Himmel finden
und dem Gestern zu entschwinden

Herzumarmung

Manche Tage haben Stacheln
wie ein Kaktus rundherum
glaube mir, allein mit Lachen
bringt man diese Biester um

Manchen Tagen stehen Tränen
groß und kalt im Angesicht
Liebe kann zwar Schmerzen nehmen
die Entstehung aber nicht

Ist das Lachen auch beschwerlich
die Kehle jeden Ton erwürgt
komm, ich halt dich fest und ehrlich
mein Herz in allem für dich bürgt

Solang ich in dir Glaube bin
Empfindung an das Leben
hat meine Herzumarmung Sinn
und kann sie restlos geben

Glaube ist Leben

Der Glaube ist die stärkste Kraft
die wir in uns tragen
denn wer ohne Glauben schafft
wird nie Siege haben

Glauben heißt, in sich vertrauen
nicht andern nach dem Munde reden
klein, beständig aufzubauen
um dem Traum Gestalt zu geben

Glaube ist das Wort für Leben
ohne kannst du gar nichts tun
wenn dir nichts wert ist zu erstreben
wird auch bald dein Herze ruh'n

Das Leben ist wie eine Show

Das Leben ist wie eine Show
ob hier oder auch anderswo
der Ängstliche, gleich wie der Kühne
sägt und feilt an seiner Bühne

Wenn ihm die Tapete reißt
die für ihn der Himmel war
wird er nichtig und zumeist
auch noch etwas sonderbar

Das Leben ist wie eine Show
die Masken traurig oder froh
die Lieder träumen und erzählen
von Hoffnungen die uns so quälen

Du und ich und er und sie
wir alle spielen irgendwie
eine Rolle in dem Stück
zwischen Liebe, Leid und Glück

Der Mai ist im Lande

Der Mai ist im Lande, so steht's am Papier
auch wenn ich's nicht glaube, weil ich noch frier
nichts desto trotz, im Kalender da steht
dass es jetzt zügig dem Sommer zugeht

Es blühen die Bäume, die Sträucher und Wiesen
man kann diesen Anblick mit Freude genießen
und scheint mal die Sonne, so spürt man es auch
da braucht's keine Schmetterlinge im Bauch

Die Vögel, sie zwitschern vergnügt ihre Lieder
und auch die Störche sah ich schon wieder
so schenkt uns alljährlich der Mai neues Leben
und dass es gedeiht, auch reichlich an Regen

So freut euch ihr Lieben, der Mai ist im Land
da nimmt auch Gott Amor den Bogen zur Hand
öffnet die Herzen, singet und lacht
weil Frohsinn das Leben glücklicher macht

Keine Garantie

Bewegen tut sich allemal
immer etwas auf der Welt
meistens steht man vor der Wahl
weil so vieles uns gefällt

Um das Rechte dann zu finden
quälen wir uns im Empfinden
aber meist ist es der Kopf
der entscheidet, dieser Tropf

Im Nachhinein bereut das Herz
die Entscheidung meist mit Schmerz
würd so gern alles probieren
und die Sache retournieren

Das wird meistens aber schwer
aus Erfahrung wie wir wissen:
ist die Verpackung aufgerissen
gilt oft die Garantie nicht mehr

Deiner Leidenschaft erlegen

Was du wohl jetzt gerade machst
an mich denkend mit Freunden lachst
und ob dein Herz vielleicht am End
jetzt gar spürt, wie meines brennt

Voller Sehnsucht und Verlangen
hat es dein Fieber eingefangen
ist deiner Leidenschaft erlegen
und will es dir jetzt wiedergeben

Sanft und zärtlich, Stück für Stück
ein jeder Kuss ein neues Glück
wo Emotionen sich entfalten
und wir uns engumschlungen halten

Du spürst Hände auf dir wandern
schönes Kribbeln auf der Haut
von einem Wohlgefühl zum andern
deiner Sehnsucht so vertraut

Und es steigert dein Empfinden
gibst dich ganz dem Traume hin
lässt dich von der Lust umschlingen
und spürst, dass ich jetzt bei dir bin

Virtueller Jahrestag

Langsam jährt sich jetzt mein Sein
in dieser virtuellen Welt
fand wohl auch viel Sonnenschein
und Freundschaft, die gefällt

Ansatzweis' auch Liebeleien
die jedoch nicht recht gedeihen
ist auch egal woran es liegt
mein Herz will alles, wenn es liebt

Man lernt nie aus - so heißt ein Spruch
war mancher mir auch wie ein Buch
gab's Ungereimtheit bei den andern
die kritisieren und stets wandern

Von Geistes Unruh wohl getrieben
das Leben virtuell zu lieben
in der Erwartung, lustgestreichelt
wird seelenlos ins Herz geschmeichelt

Und jene, die es ehrlich meinen
hör ich einsam manchmal weinen
auch wenn beschämt sie es bestreiten
ich spür die Wehmut sie begleiten

Gewiss, auch Worte können trösten
doch ist der Freundschaft Kraft am größten
wenn man fühlt und spürt, sie ist
zum Greifen nah und sie genießt

Auch wenn mir manches wohl gefällt
es ist nicht wirklich meine Welt
ich bin noch hier, weil ich dich mag
und dass ich's einfach einmal sag

Die Gunst

Es ist Abend und ich spür
wie die Sehnsucht wächst in mir
wie das Verlangen nach dir schreit
so sehr bin ich für dich bereit

Möcht umarmen dich und küssen
dir als Sklave dienen müssen
bis du mir die Gunst erweist
und mich mit deinem Körper speist

Dich berühren, zart verwöhnen
Hände streicheln dich zum Stöhnen
Lippen treiben dich zur Lust
spüren uns ganz tief bewusst

Oh, wie werden wir's genießen
wenn die Sehnsuchtsknospen sprießen
wenn du dich mir entgegen drängst
und mich im Glück beim Namen nennst

Bilderbuch der Träume

Du bist ein Bilderbuch der Träume
faszinierend im Detail
treibst meine Sehnsucht durch die Räume
Akrobatik auf dem Seil

Bist schön wie eine Rosenblüte
meiner Lust Begehrlichkeit
warm im Herzen, voller Güte
Leben, das nach Leben schreit

Du bist Wunderland der Sinne
das zu durchreisen ich erstrebe
mit jedem Kuss, den ich gewinne
ich meine Sehnsucht um dich lege

Du bist die Frau, wie ich sie liebe
bist Atem voller Leidenschaft
mit dir feiern Träume Siege
in unverbrauchter Lebenskraft

Du bist wie die Morgensonne
die Lebenslust an jedem Tag
betracht ich dich in Liebeswonne
weiß ich, dass ich DICH nur mag

Das Glück der Freiheit

Das Leben ist ein Ringelspiel
mit vielen schönen Seiten
Es ändert sich nur das Gefühl
lässt Unverständnis streiten

Gibt uns oft mit aller Macht
die falsche Richtung zu erkennen
was uns dann völlig hilflos macht
weil wir das andere nicht kennen

Wir ziehn uns dann zurück und warten
begnügen uns mit dem, was ist
belügen uns auf alle Arten
doch ohne Chance, weil Leben nie vergisst

Nimm's in die Hand, klopf und bieg es in die Richtung
genau dorthin wo's dir Erfüllung schafft
Mach es aus Freude, niemals aus Verpflichtung
weil sonst das Glück der Freiheit schnell erschlafft

Ganz egal

Es spielt keine Rolle, was du grad machst
wie du Leben genießt, mit anderen lachst
wie du aus Tropfen der Zeit ein Perlen-Lachen bindest
mit deiner Fröhlichkeit Schwindelfreiheit findest

Es ist ganz egal, was du grad denkst
ob du Wärme grad spürst, oder Kälte verschenkst
ob du den Gedanken erlaubst, in die Freiheit zu fliegen
oder sie der Flügel beraubst, um darnieder zu liegen

Es spielt keine Rolle, was du grad so fühlst
ob du Verlangen versteckst, in Erinnerung wühlst
ob du das Sein heut berechtigst, einen Sonnenstrahl sendest
oder die Ansicht gerecht ist, die du für dich verwendest

Es ist ganz egal, was du grad empfindest
ob du ein Lächeln verlegen oder als Feuerwerk zündest
ob im Kampf mit dir selber verschenkte Freundlichkeit hilft
Sonnenblumen sind gelber, wenn sie ein Sonnenstrahl trifft

Weil man sowas nicht vergisst

Du, ich trag den sanften Blick
deiner Schönheit fest in mir
liebe an dir jedes Stück
und weiß, dass ich es nie verlier

Träum so manche Ewigkeit
den Traum von dir und Zärtlichkeit
möcht Situationen demaskieren
in tausend Himmel dich verführen

Ich lieb die Farben deiner Blüte
die Harmonie in deinem Sein
bist vollgestopft mit warmer Güte
lässt mich dein Regenbogen sein

Und ich steh zu meinem Zeichen
dich nur bewundern ist kein Ziel
die Chemie stellt manche Weichen
Weltentrücktheit im Gefühl

Und so immens in der Empfindung
dass es des Lebens Schönheit ist
man spürt und sucht eine Verbindung
weil man sowas nicht vergisst

Die Zeit hat ihren Rhythmus

Wenn ich könnte wie ich wollte
und nicht müsste was ich sollte
wär der Tag gleich angenehmer
das Gefühl zu leben schöner

Doch die Zeit hat ihren Rhythmus
wo ein jeder immer mit muss
und kommst du einmal aus dem Schritt
gibt dir die Zeit gleich einen Tritt

Schneller – besser – höher – weiter
der Mensch, er ist ein Quantum-Reiter
wobei das Rundherum sehr leidet
weil Qualität den Tag entscheidet

Darum mach ich was ich will
entzieh mich einfach diesem Drill
lass Freude in mein Herz hinein
und genieß den Sonnenschein

An bestimmten Tagen

Wenn ich mich nach Wärme sehne
nach dem Duft von deinem Haar
ich mich zärtlich an dich lehne
wird mir immer wieder klar

Bist in meiner tiefsten Seele
lang schon nicht mehr nur die Frau
der ich manches Lächeln stehle
und das weißt du ganz genau

Klau dir manchmal auch die Ruh'
wenn ich Fantasien dir schreibe
lässt es lächelnd einfach zu
weil du denkst, ich übertreibe

Keineswegs, und es verändern
auch Worte nicht, was mich bewegt
bist ein Bild mit goldnen Rändern
das man am liebsten bei sich trägt

Was du mir bist - ich könnt's wohl sagen
doch tu' ich uns das jetzt nicht an
Vertrau - denn an bestimmten Tagen
kommt jede Antwort einmal an

Ein Märchen

Es gibt ein Märchen wohl für jeden
für manche sogar zwei und drei
man würde so gern darin leben
und hofft, es kommt einmal vorbei

Doch die Märchen haben Angst
einfach in dich reinzukrachen
solang du um Erfüllung bangst
werden sie sich flüchtig machen

Bist du gestärkt in deinem Glauben
dass es Märchen wirklich gibt
lass dir nichts mehr davon rauben
weil die Treue zu dir siegt

Geht es manchmal auch daneben
so Proben sind oft hart im Leben
nimm allen Mut und Zuversicht
zeig nie dem Leben dein Verzicht

Im Gegenteil, sei stets bereit
vom Leben alles zu erwarten
sonst glaubt das Glück du brauchst noch Zeit
und lässt dich falsch verstanden warten

Im Kuss meiner Gefühle

Ich leb im JETZT, ich leb im HIER
und tausend Freuden gönn ich mir
ist doch das Lächeln deiner Augen
der schönste Grund daran zu glauben

Ich leb in ALLEM, was mir gleicht
in JEDEM, der die Hand mir reicht
doch nur im Kuss meiner Gefühle
leb ICH mich ganz, wenn ich DICH fühle

DU bist mir Sonne, Luft und Erde,
wie Wasser, wenn ich dürstend werde
WIR sind die Gärtner unsres Lebens
wer darauf schaut, sät nie vergebens

Mein Horizont in blau

Du gibst dem Leben stets die Fülle
die man Glück im Herzen nennt
bist in der Hitze meist die Kühle
die ewig löscht, wenn etwas brennt

Bist die Frau, die manchmal gibt
was meine Sehnsucht an dir liebt
wo Fantasie ganz zart beginnt
und dann ins Leben überschwimmt

Du bist die Welt, die ich so liebe
bist mein Horizont in blau
in dem ich gerne länger bliebe
weckst den Hunger mir nach Frau

Bist mein Fühlen, bist mein Denken
meine Lust mich zu verschenken
bist wie Atem dem Empfinden
einen Weg zu dir zu finden

Du bist die Wurzel schönsten Lebens
wo kleine Dinge groß erblühn
scheust nicht die Hitze tiefen Redens
und lachst, wo schon die Herzen glühn

Ein kleines Danke

Hallo schöne Sonnenblume
reicht das Wort auch nicht zum Ruhme
so sollen diese Zeilen dir
ein kleines „Danke" sein von mir

Du weißt, wie sehr ich zu dir steh
die Frau der Liebe in dir seh
jeden Tag dich mehr vermisse
meine Sehnsucht in dich küsse

Deshalb möcht ich dir auch sagen
wünsche dir an allen Tagen
zu jeder Stunde neue Kraft
und Liebe die kein Leiden schafft

Bin ich auch fern von dir zu Hause
so schick ich dir in jeder Pause
schöne Gedanken und 'nen Kuss
genau wie jetzt - zu diesem Schluss

Was ich gebe

Was ich gebe, geb' ich gern
jede Reue liegt mir fern
denn mein Herz liebt die Momente
ein Augenblick, wo es sich sehnte
das zu tun, was es grad macht
weil es dabei richtig lacht

Das zu sagen, was es fühlt
weil der Drang es aus mir spült
das zu schreiben, was ich denke
was im Lächeln ich verschenke
denn alles was sich in mir staut
das sage ich auch gern mal laut

Denn mein Herz liebt sich zu geben
wo Berührungen im Leben
die Gefühle lieben lernen
für das Schöne sich erwärmen
wo Erkenntnis nicht mehr streitet
wer jetzt wen, wo, was bereitet

Weil es einfach Leben liebt
und ein Stück dir davon gibt
nimm mein Wort als Kompliment
denn mein Herz liebt den Moment
wo unbeschwert es an dich denkt
und dir vertraut ein Lächeln schenkt

Die Frau für 1000 Träume

Du bist die Frau für tausend Träume
weckst stets in mir die Leidenschaft
zu wissen, was ich da versäume
ist ein Gefühl das Leiden schafft

Du bist für mich die Weiblichkeit
die alles in sich bindet
das schönste Bild von Zärtlichkeit
das den Himmel in sich gründet

Du bist die Frau, die in mir lebt
die ich im Geiste stets begleite
die mir tief ins Herze geht
ohne dass ich es bestreite

Du bist die Frau in meinem Denken
bei der noch Leib und Seele stimmt
alles würde ich dir schenken
wenn dein Kuss den meinen nimmt

Du bist die Frau, wie ich sie liebe
und wenn ich nachts im Bette liege
greift die Sehnsucht still nach dir
weil ich mir wünsch, du wärst bei mir

Du bist die Frau all meiner Sehnsucht
allein dein Sein genieß ich still
weil nur zu dir mein Herz den Weg sucht
um dir zu sagen was ich will

Ur-lieb-gern-haben

Es gibt 1000 Gründe
dich gerne zu haben
ohne jegliche Sünde
dich im Herzen zu tragen

Es gibt hunderte Gesten
um dir zu bekunden
du bist eine der Besten
brauchst die Ecken nicht runden

Sie bestehen an dir
wo sie anderen schaden
darum glaube es mir
bist zum UR-LIEB-GERN-HABEN

90

Himmelsland

Wenn du heut Abend schlafen gehst
im Traum vielleicht vorm Himmel stehst
dann klopf ganz sachte an die Tür
ich komme dann - und öffne dir

Ich nehme zärtlich deine Hand
und führe dich ins Himmelsland
dort wo Gefühle und Empfinden
das Glück in ihrer Sehnsucht finden

Sage nichts, genieß es schweigend
wenn Küsse in Erregung steigend
deinen schönen Leib umschlingen
und sanft die Haut zum Kribbeln bringen

Nichts mehr denken nur noch spüren
wie dich Gefühle zärtlich führen
in eine Leidenschaftlichkeit
deiner schönsten Weiblichkeit

Lass dich treiben, schweb mit mir
den siebten Himmel geb ich dir
in allen Variationen,
möchte ich dein Herz bewohnen

Mein Gefühl ist nicht geliehen

Mein Herz verliert den Rhythmus nicht
wenn es von fern mit deinem spricht
wenn beide an einander denken
uns das Gefühl von Sehnsucht schenken

Ich werd mich dem auch nicht entziehen
denn mein Gefühl ist nicht geliehen
Ich leb es stündlich, Tag für Tag
weil ich dich stolz im Herzen trag

Umarm dich jetzt, gedanklich fest
und richte dir ganz frisch dein Nest
dann bette ich dich sanft und lieb
ins Bett, in das ich zärtlich schrieb

Du Traum von Frau, ich bin bei dir
und lieg ganz kuschlig hinter dir
spür, wie warm die Lippen küssen
die Zunge frönt ihren Genüssen

Und tausendfach im leisen Stöhnen
spürst Lust und Himmel sich versöhnen
wenn du im letzten Schrei dich windest
in meinem Arm dann Frieden findest

Ein Lustvolles DU

Warum steht so plötzlich die Sehnsucht im Raum
dich sanft zu berühren, so wie im Traum
dich näher zu spüren, als nur in Gedanken,
wo Empfindungen längst schon in sich versanken

Warum denk ich plötzlich nur noch an dich
und träume nicht mehr alleine für mich
und wieso bist du mir so viel mehr als vertraut
und freu mich, wenn dich mein Herzchen erschaut

Ich weiß nicht warum ich bei dir nur noch fühle
und was ich auch schreibe, du bleibst die Kühle
auch wenn ich nicht immer so recht und ganz glaub
dass ich dir nicht doch die Ruh manchmal raub

Doch ich freu mich, dass du mir dein Ohr manchmal schenkst
auch wenn ich nicht weiß, ob du auch an mich denkst
darum nehm ich dich jetzt ganz sanft in den Arm
streichle dich zärtlich und halte dich warm

Die Nächte sie sind jetzt ja doch noch sehr kühl
doch ich hab eine Decke aus Liebe und Gefühl
da hüll' ich ganz zärtlich deine Schönheit dann zu
und kriech hinterher, zu einem lustvollen DU

Schwerkraft

Wenn im Geiste du dich quälst
von der Schwerkraft so erzählst
mag in dem Bereich wohl stimmen
Schönheit liegt halt doch im Innen

Du hast wirklich gut geschrieben
dennoch ist da was geblieben
das ich nicht verstehen kann
hör ich mir die Geschichte an

Als ich so dein Wort gelesen
ist es plötzlich mir gewesen
dass mir die Haar' zu Berge stehn
was ist mit Schwerkraft da geschehn

Ach, ihr Frauen seid im Alter
auch noch stolze Königsfalter
wenn ihr „zickig sein" vergesst
und uns Männer - Mann sein lässt

Nicht das Alter, nicht die Brust
nimmt uns Männern oft die Lust
es ist die Eigenwilligkeit
die bei Frau im Alter steigt

Und weiter, seid ihr Frauen göttlich
denn ihr alleine macht es möglich
das ihr die Schwerkraft stets bezwingt
wo Leidenschaft und Lust beginnt

Und ich lass es mir nicht wehren
reife Frauen zu begehren
da kann Birnenbrust und Falten
mich in keiner Weis' abhalten

Legt im Alter sich die Sucht
nach einer reifen, süßen Frucht
Ach, wenn's nur eine recht versteht
genießt sie still die Alterspubertät

So… das war's von meiner Seite
red jetzt nichts mehr in die Breite
Vergiss niemals das Mögliche
mit lieben Gruß, du Göttliche

Geträumt von dir

Ich hab heut' Nacht geträumt von dir
und hatte so viel Freud in mir
ganz von deiner Schönheit überwältigt
begann ich, was längst überfällig

Hab zärtlich dein Gesicht berührt
die Lippen darauf herumgeführt
bin tiefer dann im Kuss gegangen
und spürte leise das Verlangen

Nicht und nur allein in mir
ich fühlte Feuer tief in dir
da war es voll um mich geschehen
ich konnte nicht mehr widerstehen

Zärtlich wanderten die Hände
auf deinem Körper ohne Ende
die Lippen folgten hinterher
und steigerten die Lust noch mehr

Hab deine Rose dann gestreichelt
im Zungenschlag ihr sanft geschmeichelt
bis sie in voller Lust erbebte
und tausend Himmel Glück erlebte

Träume bleiben treu

Wenn der Tag sein Ende findet
in der Dämmerung schon ruht
wird was manche Herzen bindet
im Abendrot zur Glut

Wolken, rosa Ruhekissen
stehen still, auf Träume wartend
doch nicht alle werden küssend
ausgebucht die Reise starten

Doch die Träume bleiben treu
wenn die Liebe sie erschafft
nur die Wege werden neu
wie der Geist und auch die Kraft

Aber jetzt seh ich am Himmel
alle Sterne dieser Nacht
welch ein glänzendes Gewimmel
doch einer, der noch schöner lacht

Diesem schick ich in Gedanken
Liebe, Kraft und Energie
mög' er seine Seele tanken
meine Lieb' verliert er nie

Der Frauen zweite Pubertät

Wenn man vom „Frösche küssen" spricht
huscht uns ein Lächeln übers G'sicht
weil heute längst schon jeder weiß
das macht die Frauen nicht mehr heiß

Dasselbe gilt, mit breitem Grinsen
auch für alle „Möcht-gern-Prinzen"
die Frauen haben längst durchschaut
was keine mehr vom Hocker haut

Zeigt ein Mann oft groß Profil
steckt dahinter meist nicht viel
zumindest nicht, was Frau erträumt
und so zwangsläufig auch versäumt

Auch Prinzen mit Schild und Kröten
hat die Frau heut nicht vonnöten
da fehlt jegliches Temperament
nach dem die Frau sich heute sehnt

Denn so wie es im Buche steht:
„Der Frauen zweite Pubertät"
so im Anschluss an die erste
ist für Männer meist die schwerste

Denn da wissen Frauen immer
was sie wollen und was nimmer
und wenn der Mann das nicht recht weiß
steht er ganz schnell am Abstellgleis

Darum Männer, lasst nicht hängen
von dem, was Frauen so bemängeln
und mag's auch zweideutig jetzt klingen
den Frauen wird's ein Lächeln bringen

Die kalten Füße einer Frau

Die kalten Füße einer Frau
das weiß ich schon sehr genau
haben mich stets inspiriert
hab ich sie zwischen meinen g'spürt

Die kalten Füße wurden warm
dann nahm ich sie in den Arm
musst ja auch das andre wärmen
und ihre Schönheit sanft umschwärmen

Hab mich immer glücklich g'schätzt
mit Küssen ihre Haut benetzt
und alle Kurven, Kanten, Ecken
konnten stets die Lust erwecken

Denn ich wusste es schon immer
und nicht nur im Kuschelzimmer
dass Engel, wenn sie fliegen sollen
immer warme Füße wollen

Sie kommen stets auf leisen Sohlen
wenn sie sich ein Herzchen holen
deshalb sind auch manche Engel
so richtig süße, freche Bengel

Schlafenszeit

Und wieder ist es mal so weit
wünsch gute Nacht zur Schlafenszeit
dazu noch ein paar schöne Träume
verteilt in deine Herzensräume

Sie sollen diese Nacht erfüllen
in dir die Sehnsucht etwas stillen
hör nur zu und lass sie plaudern
sie werden leis dein Herz verzaubern

Schick einen Stern in deine Welt
der leis für dich die Schäfchen zählt
dich sanft dann in die Arme nimmt
und deinem Herzen Wärme bringt

Fühl dich umarmt von seinen Strahlen
er wird ein Lächeln in dir malen
das in den Morgen Dich begleitet
und Glück dir für den Tag bereitet

Die Rose des Lebens

Die Rose des Lebens schenke ich dir
sie soll dich umarmen und grüßen von mir
in ihr sind das Glück und die Liebe enthalten
auch Freiheit und Leben kann sich entfalten

Vertrauen und Hoffnung, das Maß aller Dinge
wird sie dir vermitteln, wie ewige Ringe
Verständnis und Treue, ein ewiger Schatz
haben voll Harmonie darin auch noch Platz

Ein freundliches Lächeln ist dir immer gewiss
zwei Arme die trösten, wenn du traurig bist
Worte, die Sorgen und Kummer vertreiben
sollen dabei nicht unerwähnt bleiben

Die Rose des Lebens schenke ich dir
nicht Gold oder Geld, doch wünsche ich mir
sei einfach du selber, bleib wie du bist
und dass du mich auch im Glück nicht vergisst

Freundschaft

Man muss nicht immer greifbar sein
damit man Freunden helfen kann
oft bringen Worte Sonnenschein
es fühlt sich wie Umarmung an

Obwohl - mein Arm, er würd dich halten
Du könntest spüren - ich bin da
Leid und Kummer - die Gestalten
die sind plötzlich nicht mehr wahr

Dennoch kann ich deinem Herzen
die Traurigkeit wohl nicht ganz nehmen
versuch ich auch mit dir zu scherzen
es bleibt ein bitter leises Sehnen

Doch eines möcht ich jetzt noch sagen
egal was ich auch mach und tu
Ich werd dich stets im Herzen tragen
das Wichtigste bist mir jetzt du

Ein kleiner Traum

Ein kleiner Traum geht auf die Reise
er kuschelt sich zu dir ganz leise
du siehst ihn nicht, er ist Gedanke
und kratzt auch nicht mit seiner Pranke

Er will auch nicht auf deine Haut
dazu bist du auch meist zu laut
er will nur in dein Herzchen kriechen
und an deiner Sehnsucht riechen

Sehnsucht, die schon längst vertraut
die Rezeptur noch nicht gebraut
so liegt im Herzen, recht zerknüllt
der Wunsch, dass es sich doch erfüllt

Der kleine Traum soll dich erheitern
den Sternenhimmel dir erweitern
und für ungeahnte Möglichkeiten
dir die Flügel vorbereiten

Und glaub ihm, wenn er sagt es ist
wunderbar, so wie du bist
die Einzigartigkeit von jedem
ist uns allen vorgegeben

So, nun träum schön - gute Nacht
ich hoff' du bist nicht aufgewacht
falls ein Traum dein Herz berührte
und mich in deiner Nähe spürte

Der Seele Halt und Mut

Ich wünscht' mein Wort könnt was verändern
und wär's nur außen - an den Rändern
deiner Wunde, die so schmerzt
und jedes Fröhlich-Sein verscherzt

Ich wär ja gerne jetzt bei dir
denn tief im Innern scheint es mir
als wär grad Nähe jetzt auch wichtig
sie macht oft manche Sorge nichtig

Nur da zu sein, die Hand zu reichen
auch wenn die Narben lang nicht weichen
es gibt der Seele Halt und Mut
stärkt das Vertrauen und tut gut

Komm und schau mir in die Augen
ich werd mit dir an dich jetzt glauben
all deine Werte neu erwecken
du hast nicht einen zu verstecken

Und wenn wir dann spazieren gehen
der Sonne Untergang verstehen
dann wirst du spüren, dass jeder Tag
dir Gutes will und er dich mag

Was ich möchte

Ich möcht dir gerne etwas schenken
woran Gefühle ewig denken
was nur im Herz zu finden ist
und die Bedeutung nie vergisst

Ich möcht dir gerne etwas geben
was deine Fraulichkeit verehrt
das jeden Tag in deinem Leben
dein schönes Lachen noch vermehrt

Ich möcht dir gerne etwas sein
an das du immer gerne denkst
fang ganz für dich den Sonnenschein
weil du dafür ein Lächeln schenkst

Ich möcht dir gerne etwas zeigen
wie es das nur einmal gibt
und wünsch, es mög für immer bleiben
weil dich mein Herz so innig liebt

Herzenskönigin

Der Mond ging heute seine Runde
und bracht' den Engeln seine Kunde
Herzkönigin - sitzt dort auf Erden
und möchte so gern glücklich werden

Wünscht Lebensfreud und Energie
und für das Herz auch - irgendwie
einen Herzenskönigmann
mit dem sie glücklich werden kann

Die Engel zögerten nicht lange
und sagten: Mond, nur keine Bange
geh nur zu mit deinem Schein
lass nicht ihr Herz im Dunkeln sein

So ging vertrauensvoll er wieder
und lacht beruhigt auf dich nieder
auch die Engel unterdessen
haben all das nicht vergessen

Sie alle suchen Wolke sieben
die unbemerkt der Sturm vertrieben
und siehe da, so Stück für Stück
bringen die Wolke sie zurück
und wenn sie alle Teile haben
wird neu dein Herz sein schönstes Lächeln tragen

Der Mond

Wenn der Mond so lacht wie heute
hat er manchen Mensch als Beute
Jene, die nicht Ruhe finden
es in seinem SEIN begründen

Ja, der Mond hat's auch nicht leicht
wenn er so hell durch Nächte schleicht
wo Sterne klare Nacht verbreiten
kann er auch andern Freud bereiten

Jenen, die im Herz verliebt
er oft schöne Stunden gibt
wenn sie verträumt die Sterne zählen
in seinem Licht sich Küsse stehlen

Aber nicht nur dies allein
ist so schön am Mondenschein
ich verwend stets seine Strahlen
um Träume dir ins Herz zu malen

Schick Liebe, Glück und Zärtlichkeit
schön an einander aufgereiht
auf seinen Strahlen dann zu dir
mit einem lieben Gruß von mir

Der große Traum

Mir lag ein großes Ziel vor Augen
konnt' mit Geist und Seel' dran glauben
so inniglich und intensiv
dass mir das Herz schon überlief

Zwar gab es da und dort Probleme
doch denen zeigte ich die Zähne
und was mir neu und unbekannt
hat manchmal mich vom Weg verbannt

So oft fing ich von vorne an
weil nie in mir der Traum zerrann
den ich so zeitlos in mir trage
und meine Freude an ihm habe

Mit Kraft, Geduld und Zuversicht
stärkt Glaube mir zur Not die Sicht
es ging der schönste Teil verloren
wird wohl auch nicht mehr neu geboren

Das UNS und WIR besteht nicht mehr
und macht den großen Traum so leer
was kann schon Geld alleine geben
wenn ein Herz fehlt, es zu leben

Engel

Engel, sei mir Licht am Wege
gib mir Kraft und Zuversicht
führe mich, wohin ich strebe
weil mit dir die Angst zerbricht

Engel, lass mich nie alleine
denn mit dir hab ich die Kraft
zu erreichen, was ich meine
und zu tun, was Freude schafft

Engel, gib mir dass ich sehe
welcher Weg zum Ziele führt
dass ich zu mir selber stehe
wenn mich Einsamkeit berührt

Engel, leih mir deine Schwingen
bring mir bei wie Fliegen ist
lass mein Herz es laut besingen
dass du in mir zu Hause bist

Virtuelle Herzensworte

Nun ist der Fortschritt installiert
sitz da und hab es ausprobiert
und es steigert doch tatsächlich
die Freud im Netz zu sein beträchtlich

Nun sitz ich da schon eine Weile
doch mein Kopf hat keine Eile
wobei mein Herz beinah zerspringt
da er kein' Vers zuwege bringt

Ich lauf im Kreis, rauf mir die Haare
ich brauche Worte, keine Ware
und Altgebrauchtes zählt da nicht
wenn dir mein Herz von Liebe spricht

Und doch, ich sag dir wie es ist
weil du doch meine Herz-Frau bist
den Herz-Haushalt musst du nicht führen
mein Herz will deins nur bei sich spüren

Und so, wie ich mich nach dir sehne
dich gern in meine Arme nähme
nimmt meins das Deine an den Flügeln
um sich zu küssen und zu prügeln

Ich liebe dich - mein Herz liebt deins
und so gesehen sind wir Eins
die darum kämpfen sich zu kriegen
und durch ein Leben lang zu lieben

Wie sag ich's meinem Herzen

Hey, wie sag ich's meinem Herzen
dass es das Deine nie mehr sehen wird
auch wenn es unter Schmerzen
das Deine tief in sich noch spürt

Wie mach ich den Gefühlen klar
dass all das Schöne einmal war
dass mein Empfinden schweigen muss
im Herzen noch den letzten Kuss

Wie sollen meine Lippen schweigen
wenn sie noch immer dazu neigen
zärtlich Herz-Frau dich zu nennen
und sich ganz zu dir bekennen

Wie soll die Hände ich mir binden
dass sie keinen Stift mehr finden
um wie früher dir zu schreiben
und dich ersuchen, noch zu bleiben

Wie soll die Augen ich verschließen
die deinen Anblick stets genießen
als wär die Schönheit dieser Welt
in deinem Sein mir hingestellt

Wie soll den Ohren ich befehlen
dass sie sich nicht mehr länger quälen
mich mit Hoffnung zu betören
vielleicht den Schritt von dir zu hören

Und was soll ich dem Traum berichten
der will auf dich noch nicht verzichten
er steht vorm großen Himmelstor
weil er dir doch den Himmel schwor

So knapp und doch scheint es verloren
auch wenn ich halt, was ich geschworen
wenn es dein Herz nicht hören will
wird auch das Meine langsam still

Sei in mir

Sei wie der Wind in meinem Haar
und kraule mich ganz sanft im Nacken
es werden manchmal Träume wahr
man muss sie dann nur richtig packen

Sei mir das kuschelige Kissen
in dem ich heimlich von dir träume
dann muss ich nie mehr das vermissen
von dem ich glaub, dass ich's versäume

Sei mir das Bett in dem ich ruhe
mich jede Nacht in Träume wiege
in dem ich nichts vom Alltag tue
und nur die Frau der Träume liebe

Sei das Lachen meiner Augen
wenn dich mein Kuss umschlungen hält
sei in mir und lass mich glauben
an das WIR in unsrer Welt

Die Liebe

Ich spürte die Liebe
und ich weiß, dass sie lebt
in dir und in mir
und dass sie Anspruch erhebt

Anspruch auf Freiheit
sich einander zu geben
sich in Treue zu lieben
fürs ganze Leben

Liebe, sie wächst nicht
auf Sträuchern und Bäumen
Liebe entsteht aus
gemeinsamen Träumen

Aus DU und aus ICH
die die Hauptrolle spielen
aus der Tiefe des Herzens
mit allen Gefühlen

Liebe, sie fragt nicht
nach Raum und nach Zeit
Liebe ist immer
füreinander bereit

Mit glücklichem Herzen
und starker Hand
führ ich dich voll Stolz
ins gemeinsame Land

Reich mir die Hände
schenk den Kuss mir fürs Leben
ich werd dir den Himmel
und mich dafür geben

Das Herz

Ein Herz, es kann so viel ertragen
ist über allen Schmerz erhaben
wenn es aus sich selber liebt
und keinem Wert die Gründe gibt

Es gibt von sich sein Allerletztes
lebt dafür und gibt sein Bestes
und doch wird es oft nicht geschätzt
mit unbedachtem Wort verletzt

Auch wenn das Herz sich repariert
die Sprünge still und leis kaschiert
Irgendwann verliert's die Kraft
weil jeder Sprung ihm Leiden schafft

Spuren hinterlassend

Des Lebens schönsten Teil erlebt
drehbuchlos sich selbst gelebt
schöne Stunden, geborgte Zeit
aus den Pflichten ganz befreit

Zärtlichkeiten, tief Ersehntes
inhaliert und Unerwähntes
eingerahmt in all die Zeit
einer kleinen Ewigkeit

Tausend Träume sanft gestreift
in Unvollkommenheit gereift
in Gefühlen, heiß berührt
genossen, und dann schubladiert

Einander Spuren hinterlassend
waren wir Kinder unsrer Zeit
große Pause - Klarheit fassend
trägt meine Liebe stolz ihr Kleid

Zauberwort-Gefühl

Die Liebe ist ein seltsam' Ding
wohin ich laufe, gehe, spring
sie begleitet mich durchs Leben
und kann stets ein Lächeln geben

Sie ist ein Zauberwort-Gefühl
tropft wie Balsam ins Gewühl
lindert Kummer, Sorg' und Not
ist des Lebens Glück und Lot

Liebe ist, wenn man sie lebt
das Schönste, das ein Mensch erstrebt
das Größte, das man geben kann
und dies fürs ganze Leben lang

Ein Wunsch

Wenn du heute schlafen gehst
und vor schönen Träumen stehst
wünsch ich dir, es mög geschehen
dass in Echt sie vor dir stehen

Dann halt mit beiden Händen fest
sie an deine Brust gepresst
lass sie deinen Herzschlag hören
auf dass sie ewig dir gehören

Denn nur Herzen können sagen
wenn in Leidenschaft sie schlagen
welches Sehnen sie empfinden
um das große Glück zu finden

Das Innere

Auch wenn der Himmel heute weint
in meinem Herzen da erscheint
ein kleiner Strahl von goldnem Licht
der sich sanft in Freude bricht

In der Freude, dich zu sehen
und da reicht ein Augenblick
denn der Kopf muss nicht verstehen
fühlt das Herze sich im Glück

Es ist beinahe wie berühren
es wird im Herzen mir so warm
durch die Ferne dich so spüren
als liegst du grad in meinem Arm

Dir will ich sein

Hast wohl zu sehr an mich gedacht
bin aus dem Traume aufgewacht
welch Freude dich jetzt hier zu sehen
ich küss dich und werd dazu stehen

Was ich sag und im Herzen trage
lebt still in mir für alle Tage
Du bist mein Sehnen, dir will ich sein
lässt du mich in dein Herz hinein

Herzschlag - Sehnsucht

Es ist der Tag schon längst vorbei
wo ich mich frag, ob ich dich liebe
ich sehn' den nächsten mir herbei
wo du mich fragst, ob ich auch bliebe

Denn all mein Denken, Fühlen, Tun
lässt mich schon lange nicht mehr ruhn
weil jeder Herzschlag Sehnsucht ist
solange du mir ferne bist

Der Rüssel

Guten Morgen du Blüte schöner Fantasie
dein Bild in mir verlebt sich nie
bloß die Nas' kriegt nicht genug
sie leidet unter Duftentzug

Sie schnüffelt dort und schnüffelt da
wird deinen Duft nicht mehr gewahr
So bläht der Rüssel seine Nüstern
nach deinem süßen Duft ganz lüstern

Ein paar Worte

Ich schicke jetzt durch Sternennacht
ein paar Worte von dem Traum
der mir stets im Herzen lacht
mich belebt durch Zeit und Raum

Nichts was seine Schönheit trübt
nicht im Wort und nicht im Sein
Liebe, die wird nicht geübt
in ihr ist mein Herz daheim

Die Kraft in Dir

Lern die Leichtigkeit des Lebens
unberührt von Stress und Angst
sieh doch, in die Hand des Gebens
kehrt zurück worum du bangst

Im Leben wird dir nur geschehen
was du für dich für möglich hältst
worum sich die Gedanken drehen
wohin im Glauben du dich stellst

Erweck die Kraft in dir zum Leben
sie führt dich in ein Wunderland
musst nur verstärkt nach Glauben streben
dann reicht sie dir vertraut die Hand

Schlaf gut

Langsam wird es wieder Zeit
sich ins Bettchen zu begeben
da bist du dann nicht so weit
wie bei Tag, im echten Leben

Wenn der Alltag langsam schwindet
und die Träume sich formieren
weil jeder darin etwas findet
was die Fantasien forcieren

Alleine schon das „Gute Nacht"
das ich dir spät abends sage
heißt, ich hab an dich gedacht
weil ich dich im Herzen trage

Was die Träume mir bescheren
davon will ich gar nicht reden
kann mich ihrer nicht erwehren
weil es schön wär, sie zu leben

Doch nun schlaf gut, träum was Schönes
Engel werden dich bewachen
pfleg dein Herzchen und verwöhn es
soll dich im Lächeln glücklich machen

Herz des Sehnens

Wenn etwas gefährlich wird
weil es uns so tief berührt
liegt das Heil im Herz des Sehnens
sich zu leben und des Nehmens

Wenn Verlangen uns erdrückt
weil ein Traum das Herz beglückt
wird die Sehnsucht Wege finden
still die Schönheit zu ergründen

Und wenn all die Lust und Wonnen
warm dich in den Arm genommen
wirst dem Himmel du entsteigen
oder für immer in ihm bleiben

Zwei Welten

Wenn zwei Welten sich berühren
greift die Neugier um sich her
kann man leis das Knistern spüren
im Verlangen auf noch mehr

Nicht das Erste, nicht das Letzte
überragt an Wichtigkeit
was der Mund im Kuss benetzte
zählt – der Rest ist Nichtigkeit

Wenn zwei Welten sich ergänzen
seelengleich einander finden
braucht es keine Referenzen
um das Glück mit einzubinden

Wo der Welten Mitte ist
wird das Glück zum Ozean
denn Gefühle die man küsst
kommen immer wieder an

Falsch gemacht

Hab ich etwas falsch gemacht
dann musst du es mir sagen
wenn Schweigen mir wie Strafe lacht
hab ich schwer zu tragen

Hab ich etwas falsch gemacht
dann sag es nicht im Schweigen
wenn dein Herze nicht mehr lacht
bringt Stille mir nur Leiden

Hab ich etwas falsch gemacht
dann lass es mich doch wissen
rede, wenn dein Mund nicht lacht
das Schweigen lähmt Gewissen

Der Wecker

Wenn ich dir heute etwas schreibe
vielleicht nicht ganz beim Thema bleibe
so dreh mir daraus nicht was Schlechtes
denn das Herz sagt nur was Rechtes

Mit "hab dich lieb" so fängt es an
und dass darauf nicht Schluss sein kann
da kannst du dich bei mir verlassen
ohne jetzt recht groß zu prassen

Dass du mehr Engel bist als Frau
das weißt du selber ganz genau
kann immer deine Flügel spüren
wenn deine Worte mich berühren

Doch spür ich auch die Traurigkeit
die dich besucht von Zeit zu Zeit
wo ich gern da wär nur für dich
und dir die Sonne wieder richt'

Ich tu es gern, weil ich dich mag
dich stolz in meinem Herzen trag
weil mir dein Lächeln mehr bedeutet
als hätt ich einen Schatz erbeutet

Doch würd mich solch ein Glück ereilen
würd ohne Zögern mit dir teilen
wenn schon Sorge, Freud und Glück
auch den Schatz - so Stück für Stück

Ich weiß jetzt lächeln wir doch beide
und denken Gleiches, ach du Scheibe
seh deine Augen wie sie lachen
und mir gleichsam Freude machen

Aber jetzt, jetzt sollst du schlafen
Verirr dich bloß nicht zu den Schafen
die zu zählen macht nicht müde
nur verwirrt und dazu trübe

Ich schick dir lieber diese Nacht
einen Traum, für dich gemacht
du wirst ihn spüren, sanft und leise
nimmt er dich mit auf seine Reise

Schlaf gut und erhole dich
und morgen früh da denk an mich
wär gern der Wecker, der da schreit
Drück mich nochmal, du hast noch Zeit

Halt die Ohren steif

Wenn der Tag nur Arbeit kennt
dir der Stress die Tür einrennt
schick ich dir ein Lächeln hin
weil ich im Herzen bei dir bin

Nimm den Tag nicht zu bescheiden
lern die Wünsche groß zu schreiben
sprich sie aus und denk daran
dass jedes Märchen klein begann

Komm und halt die Ohren steif
sei voll Zuversicht und greif
in die Taschen dieses Lebens
leb die Hoffnung nicht vergebens

Der Ohrwurm

Lass uns ineinander sinken
lass die Sehnsucht sich betrinken
mit Gefühlen die entstehen
wenn warme Lippen wandern gehen

Wenn sie keine Scheu mehr haben
Gefühle zu bestimmen
werden wir in Lust uns baden
Empfinden ganz durchdringen

Lass mich doch dein Ohrwurm sein
bis in die Zehenspitzen
spür mich und fühl dich daheim
verträumt im Augenblitzen

Happy Birthday

Happy Birthday, sing ich dir
nicht nur dass ich es probier
soll der Tag dir Glück bescheren
dich aufs allerhöchste ehren

Heb dein Glas und purzle los
ist doch aller Freude groß
diesen Tag mit dir zu feiern
bis die letzten Airbags leiern

Nimm es mit durchs ganze Leben
wird dir Glück und Reichtum geben
lass bloß nie die Träume sterben
bis neben dir sie Wahrheit werden

So wünsche ich dir heut – Madam
komm gut in deinem Morgen an
leb deinen Traum, in dir vereint
auch wenn mal nicht die Sonne scheint

Über den Autor

Mein Name ist Hermann Krallinger.

Ich bin 1956 im Land Salzburg geboren und zog in den 1990igern der Liebe wegen in die Steiermark, wo ich mich bis heute sehr wohl fühle.

Gedichte und Texte schreibe ich seit meinem vierzehnten Lebensjahr, einmal mehr, einmal weniger – je nach Inspiration.

Es ist eines meiner liebsten Hobbies neben dem Mineralien-Suchen und der Musik.

Ich schreibe nicht, um meinen Lebensunterhalt zu verdienen, sondern aus Freude, Augenblicke und schöne Momente festzuhalten und sie in Worten wieder lebendig werden zu lassen.

Ich male Bilder aus Worten und wünsche Ihnen viel Freude daran, sie zu betrachten und in sie einzutauchen.

Ihr Herzschmeichler

Hermann Krallinger